宣物存形

汉代漆器纹样

贾玺增 闵 悦 著

东华大学出版社

·上海·

图书在版编目（CIP）数据

宣物存形：汉代漆器纹样 / 贾玺增，闵悦著 . --
上海：东华大学出版社，2023.7
ISBN 978-7-5669-2225-0

Ⅰ. ①宣… Ⅱ. ①贾… ②闵… Ⅲ. ①漆器（考古）-
纹样-研究-中国-汉代 Ⅳ. ① K876.74

中国国家版本馆 CIP 数据核字 (2023) 第 109135 号

策划编辑：马文娟
责任编辑：高路路
装帧设计：上海程远文化传播有限公司

宣物存形
汉代漆器纹样
XuanWu CunXing HanDai QiQi WenYang

著：贾玺增　闵悦
出版：东华大学出版社（上海市延安西路1882号，邮政编码：200051）
出版社网址：http://dhupress.dhu.edu.cn
天猫旗舰店：http://dhdx.tmall.com
营销中心：021-62193056　62373056　62379558
印刷：上海雅昌艺术印刷有限公司
开本：787mm×1092mm　1/32
印张：8.625
字数：217千字
版次：2023年7月第1版
印次：2023年7月第1次印刷
书号：ISBN 978-7-5669-2225-0
定价：68.00元

前　言

"宣物莫大于言，存形莫善于画。"

早在西晋时期，书法家陆机就一语道破"文"与"画"各有其功能。要想清晰地传达事物蕴含的道理，没有比言辞更有效的；要想留存事物的形象，没有比绘画更好的方法。本书重在呈现与解读战国、汉代漆器纹样，以"宣物存形"为题，意在文画结合，以文释画。翻开这本书，相信读者既能领略漆器纹样形制与颜色的美感，也能了解纹样形成、演变的过程及其背后丰富的文化内涵。

战国至汉代时期是中国漆器工艺高速发展的时期，此时漆器生产规模大、产量大，分工细化程度高，漆器纹样的发展在这一时期形成了艺术高峰。《宣物存形——汉代漆器纹样》选取战国、汉代时期作为漆器纹样研究的切入点，通过对漆器纹样的研究，探究中华民族历经千年的文化底蕴与传统美学。本书的研究内容并非从社会史的角度全面概述战国至汉代漆器的器型、工艺、生产方式等内容，而是有重点、有聚焦地将这一时期的漆器纹样进行展示与解读。

本书重在以文释画——书籍前半部分，将战国至汉代的漆器纹样进行分类并加以说明；后半部分，为读者呈现出琳琅满目的漆器实物及其纹样线描图，以高质量的视觉图片展现漆器纹样的独特之美。读者能从图像与文化两个层面对于战国至汉代漆器纹样有多维而深入的认知。本书将战国至汉代漆器的纹样分为瑞兽纹、珍禽纹、几何纹、云纹、人物纹、植物纹和神怪纹七种，每个类型下又划分不同细目。

纹样之中，线条走笔，或对称，或循环；色彩铺绘，或光艳，或简雅。在战国至汉代的漆器纹样里，藏着的是中国美学与文化的密码，展现出中国古人对于美好生活的向往与渴望，传达了上祝国家安泰，下愿家庭和美，流淌着先人对家国的质朴祈愿。

本书为清华大学自主科研项目"中国纹样艺术史研究"（项目编号：20205080030）、2022年度教育部人文社会科学研究项目"汉代海昏侯墓出土文物纹样研究"（项目编号：22YJA760060)的阶段成果。

贾玺增

战国至汉代漆器纹样研究 [1]

　　战国至汉代时期，是中国古代漆器生产工艺的鼎盛时期，也是漆器纹样的艺术高峰。此时的官办和私营类漆器生产作坊众多，漆器日常产量、造型美感不断提高。其漆器生产也采用了流水线、分工细化的生产模式，如制作一只羽觞(耳杯)，需要素工、髹工、上工、铜耳、黄涂工、画工、月工、清工、造工9个工种配合。

　　中国漆器按使用场景及类型可以分为五类。第一类：用于盛放日常用品的漆器制品，如盒、奁、匜、匣、箱；第二类：家具漆器制品，如鉴、枕、屏风、床、案、几等；第三类：厨具类漆器制品，如碗、双耳杯、俎等；第四类：乐器及乐器配件漆器制品，乐器漆器制品如大鼓、小鼓、虎座双鸟鼓、瑟、琴、笙、竽、排箫、笛等；乐器配件漆器制品如编钟架、钟锤架、编磬架；第五类：兵器漆器制品，如甲、弓、弩、矛秘、戈秘、箭、箭箙、剑鞘、盾等。

　　除了木制胎，战国漆器制作还有竹胎、角胎、皮胎，甚至陶胎、铜胎等特殊材料。其绘画技法纯熟，可以选择各种绘画技巧来表现，如平涂或者勾线。漆器髹饰工艺中有

1　2022 年度教育部人文社科：汉代海昏侯墓出土文物纹样研究（22YJA760060）

雕刻彩绘、贴金、嵌银、镶玉、针刻等多种装饰方法。[2]针刻是战国时期发明的新工艺，惟妙惟肖。尤其到中后期，漆器装饰工艺更加精湛，金箔贴花、金银彩绘等也陆续出现。更有甚者，用描金绘银彰显地位和财富，结合金箔贴花、金银彩绘，使漆器整体光彩绚丽。

战国漆器色彩多样，主要有红、黑、黄、蓝、翠绿、褐、金、银、银灰九种颜色，其中红、黑两色运用得最多，金银色最少。[3]战国时期，漆器色彩的内在表现受到楚俗思想的影响，史载楚王族是祝融（中国神话中的火神）之后，尚赤之俗自古而是。战国《韩非子·十过》："墨染其外，而朱画其内……"[4]表现为崇赤尚火，拜日尊凤、好巫鬼之术。漆器多设计为朱红色内壁而外髹黑漆，在黑漆上以红色描绘纹饰，黑漆沉静深沉，红色热情奔放，对比强烈，装饰效果典雅华贵。

早期漆器纹样的类型多源自对商周青铜器纹样的模仿，后又加入变形、分解、抽象之后的设计组合。纹样包括瑞兽纹、珍禽纹、几何纹、天象纹、人物纹、植物纹、神怪纹。整体纹样构图丰满工整、均衡自由、舒展生动。其中，龙凤纹样是最具有时代特征和最具影响力的纹样。

一、瑞兽纹

漆器中的瑞兽纹主要有龙纹、虎纹、鹿纹、豹纹、猪纹、辟邪纹、蟠虺纹等。彩绘纹样一般绘制在漆器表面或内部。如湖北出土的楚国漆器的纹样既有抽象变形又有写实。

---

[2] 李正光：《汉代漆器图案集》，文物出版社，2002，第12页。

[3] 沈福纹：《中国漆艺美术史》，人民美术出版社，1992，第28页。

[4] 李亚东译注：《〈韩非子〉白话今译》，中国书店，1994，第88页。

（一）龙纹

漆器中的龙纹，打破拘谨规范的刻板造型而向轻巧浪漫气息发展。其逐渐突出纹样概括和抽象的特征，展现了奇思妙想的文化气息。漆器中的龙纹大致可分为具象、半抽象和抽象龙纹。[5]而根据龙的动态，其又可以分为两个类别。

第一类：卷龙纹

第一式，回首卷龙纹。龙体与龙尾卷曲，龙足舒展，龙口张开，首尾相望，龙身布满鳞片。如曾侯乙墓衣箱中的卷龙纹（图1），龙头回望龙尾处，龙头结构清晰，龙目圆睁，龙口呈张开状，龙身有鳞片装饰，龙足分别在身体三分之一处且有龙爪，整体趋向走兽状。又如湖北江陵天星观1号墓出土的卷龙纹（图2），呈现半几何化造型，龙头部结构概括，龙足与爪省略，龙身抽象，趋向蛇形。

第二式，俯视卷龙纹。如曾侯乙墓衣箱盖上二十八宿图像中的青龙（图3），整体纹样为俯视的描绘视觉效果。龙头为植物形，龙须短，犹如花草状，两条龙纹首尾相守，组成闭合空间，如回纹一

图1 卷龙纹（湖北随州曾侯乙墓漆内棺，湖北省博物馆藏）

图2 卷龙纹镇墓兽（湖北江陵天星观1号墓出土）

---

5 滕壬生：《楚漆器研究》，两木出版社，1991，第115—117页。

图3 卷龙纹（湖北随州曾侯乙墓衣箱）　　图4 双头连体龙纹（湖北随州曾侯乙墓内棺）

样，龙身内部无任何纹样装饰，几何化进程也非常显著，具体表现在龙身的结构上，龙尾处绕圈并分别指向彼此的龙头左侧，龙足与龙爪分明，有向前的力量感。

第二类：连体龙纹

第一式，双头龙纹。龙身两端各有一个龙头，犹如回形纹，龙身卷曲，如曾侯乙墓内棺双头连体龙纹（图4）。在双头龙的龙纹造型中，龙纹的几何化进程更加凸显，同时简化了龙足和龙爪，仅以线条来表示龙的躯干，并且身体没有任何纹样装饰内部，龙头部分的刻画主要是龙眼、龙口，但是整体也非常抽象。

第二式，交龙纹。其由双龙或者多龙盘绕组成纹样，分成两种。第一种，双龙两两缠绕，再呈现二方连续排列，整体规整、形式方正；龙眼以还状纹表现，龙口多呈张开状，龙鼻上翘，龙尾卷曲，如湖北江陵雨台山264号墓彩绘漆豆中的交龙纹（图5）。第二种，双龙盘绕如DNA链条状，而在龙尾处简化成圈状。龙头简化，龙嘴张

图5 交龙纹（湖北江陵雨台山264号墓彩绘漆豆）

图6 交龙纹（湖北随州曾侯乙墓内棺）

开。如曾侯乙墓内棺内的交龙纹（图6），双龙盘绕，龙嘴张开，龙头相对，无龙足爪，龙躯没有任何装饰纹样。

又如湖南长沙马王堆一号墓出土的四层套棺的第三层（图7），盖板上的交龙纹，双龙盘绕，呈蛇状，龙鳞细腻，龙头相对，龙口张开，龙牙清晰，龙角呈凤舞状，龙足更接近走兽，龙爪舒展。这对双龙不再以线描而是以雕刻的方式来表现纹样。

（二）鹿纹

楚地盛产鹿，楚人也喜爱鹿，将鹿视为瑞兽，象征仁慈、长寿，常将鹿与仙人组合装饰器物。例如，1988年，湖北当阳县赵巷4号墓出土的春秋中晚期漆俎，其上装饰许多侧视奔鹿纹（图8）。其雄鹿

图7 交龙纹盖板（湖南省博物馆藏）　　　　图8 漆俎上的奔鹿纹（湖北省
　　　　　　　　　　　　　　　　　　　　　　宜昌市博物馆藏）

头上有月牙形鹿角，雌鹿的鹿耳硕大，充满律动感和趣味性。又如，湖北省随州市擂鼓墩1号墓出土的战国早期（约公元前433年）彩漆木雕梅花鹿（图9），鹿头可以任意角度转动，鹿角则是真实的鹿角。再如，1978年，湖北江陵天星观1号墓出土的双头镇墓兽（图10），兽首由底座、双兽身、双鹿角三个部分组成。双兽头相背而成，最后交叉合一与底座相连，鹿角高耸而华丽，充满神秘的张力。兽头上布满装饰纹样，鹿角向上伸展，极具生命气场。此外，还有曾侯乙墓出土的马胄上的鹿纹（图11），鹿纹呈奔跑状，鹿首回望，鹿角呈对称的心形，鹿身刻画精细，鹿腿纤细而有力量，鹿蹄描绘生动，呈勾起状。

（三）双头猪纹

　　双头猪是中国古代神话中的神兽，象征丰收。《山海经·海外西经》："并封在巫咸东。其状如彘，前后皆有首，黑。"[6]《礼记·大学》："鸡豚牛羊，民之所畜养以为财利者也。"[7]其实物如湖北荆州楚墓出土的彩绘猪形漆盒（图12），由双头猪形组成，两块整

---

[6] ［晋］郭璞传，［清］郝懿行笺疏《山海经笺疏》，齐鲁书社，2010，第4901页。

[7] ［清］阮元：《十三经注疏·嘉庆刊本》，中华书局，2009，第3636页。

图9 彩漆木雕梅花鹿（湖北省博物馆藏）　　图10 双头镇墓兽（荆州博物馆藏）

图11 马胄上的鹿纹
　　（湖北随州曾侯乙墓出土）

图12 彩绘猪形漆盒（湖北省博物馆藏）

木雕琢而成，每只猪首都面露微笑、拱嘴张开、挖制中空，形成"握手"。猪耳朝后，头顶耳根内侧，还安有提携的铜环、固定的销栓位置。这些精巧的设计，表明此类器具兼具居家、旅行使用的双重功用，足见当时制漆工艺极为考究。该漆器外表髹有红、黄、灰和棕红漆的装饰图案，盒身还彩绘了四幅以备猎、狩猎、获猎、宴乐为主题的宴乐狩猎图，叙事严谨、构图巧妙，体现了浪漫情怀及实用功能。

（四）豹纹

豹纹，一般指花豹纹。花豹是哺乳纲、猫科、豹属的大型肉食性动物，体形似虎，躯体均匀，四肢中长。其实物如湖北江陵凤凰山168号墓出土的西汉彩绘七豹纹漆扁壶（图13）。其在扁壶的正反面各绘制3只动态各异的豹子，壶盖上绘制1只豹子写实，为张口、阔步、仰头、卷尾式，豹子的身体用细腻的笔触表现毛发，卷须卷尾，四足有力，脚趾刻画细致；正面中下部绘前足扬起、蓄势捕猎状豹子1只，左上角豹子则更像奔跑瞬间的定格，右上角绘阔步前行，回首张望豹子1只；扁壶背面，顶部描绘的豹子犹如在树枝上小憩一般，悠闲舔足，右下角绘捕猎者的姿态，豹子撕咬猎物；左下角绘制的1只豹子，仰首、摆尾，为跃起的动势，似乎处于跳跃的瞬间。这一纹样细腻地描绘了豹子栖息、捕猎的生活场景，或闲庭信步，或蓄势待发，或享受静谧，如此生动，都是长期的细致观察得到的总结。可知，汉代先民对豹纹的关注和喜爱，这也影响了后世对豹纹的钟爱，在唐代的狩猎图及明、清两代武将补服中的豹纹运用都可见一斑。

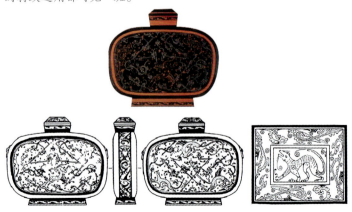

图13 彩绘七豹纹漆扁壶（荆州博物馆藏）

（五）狸猫纹

马王堆汉墓漆器纹饰中的猫纹涉及彩绘食盘，共30件；彩绘漆卮，共两件；锥画妆奁，1件。[8]相关发掘报告中均称之为"猫"纹。中国古代曾长期存在"狸"与"猫"并称的情形，杨慧婷在《马王堆汉墓漆器所见狸猫纹初探》中称之为"狸猫纹"（图14）。[9]汉代许慎《说文解字》："猫，狸属。"在古代文献中，"猫"还有"狸"的别称，《说文》："狸，伏兽，似貙。"《礼记》："迎猫，为其食田鼠也。"[10]张应庚亦评述道："虽有野猫为狸之称，但野猫形近于猫，不过家与野之分耳。"今人学者亦认为："古代常称野猫为狸，也有称家猫为狸猫或简称为狸，好似毛色特征以及行为彼此很相似。"[11]

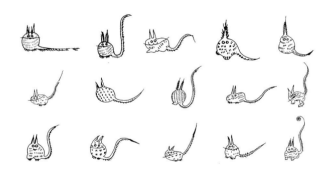

图14 狸猫纹样

8　中国科学院考古研究所：《长沙马王堆一号汉墓：上集》，文物出版社，1973，第76—77页。

9　杨慧婷：《马王堆汉墓漆器所见狸猫纹初探》，《湖南省博物馆馆刊》，2016年第12辑。

10　[清]严如熤：《汉中府志校勘》，三秦出版社，2012，第770页。

11　谢成侠：《中国养猫史略》，《农业考古》1993年第3期。

汉代漆器上的狸猫纹，实物如西汉"君幸食"漆盘（图15、图16），现藏于湖南省博物馆。其中的狸猫纹描画都各不相同，妙趣横生。狸猫纹有正面、背面和侧面。动态有静态呆萌状，亦有机敏跃起状。正面狸猫纹，竖耳圆目，然而有些有胡须，有些则没有刻画，内部绘制精细，毛发蓬松，尾部或立状或舒展。这些细腻传神的刻画得益于对其长期的观察与临摹，将其动态和表情得表现得心应手、惟妙惟肖；背面狸猫纹的绘制部分简练活泼，有些省略足部表现，以团状身体与竖耳、长尾来表现；侧面部分狸猫纹，往往两耳重叠，似独耳。仔细辨别可将狸猫形象归纳为两种：一种是轮

图15 西汉"君幸食"漆盘（湖南长沙马王堆汉墓出土，湖南省博物馆藏）

图16 西汉"君幸食"漆盘线描图（湖南省博物馆藏）

廓圆润饱满，多为匍匐和侧卧的姿势，爪子缩于腹下，表现出温顺的可爱模样，可能为经过驯养的家猫，多作主纹，在盘内底部正中绘制；另一种是身形纤瘦，多为半蹲、蹬跃或回首观望的样子，神情警觉机敏，多绘制在盘沿，周围似以杂草丛生、枝杈交错的郊野衬托。[12]"俗谓阔口者为猫，尖嘴者为猫狸。"[13]由此可知，汉初家猫与野猫并存。

二、珍禽纹

（一）凤鸟纹

中国古人将凤鸟视为神灵的化身。与龙纹一样，凤鸟纹也寓意吉祥如意。漆器中的凤鸟纹设计精巧，有些是根据飞鸟的形态来描绘的，有些则是先民凭借族群图腾及想象力组合设计而成的。其形态有昂首扬尾长尾型、英武健硕短尾型、首尾相接分尾型、燕雀型、鹤型、雄鸡型等。"长尾凤鸟"实物如湖北荆州马山1号墓出土的对龙对凤纹漆耳杯（图17），两只凤鸟环绕中心点，神采奕奕，正如《诗经·大雅》所载"凤凰鸣矣，於彼高岗，梧桐生矣，於彼朝阳。"[14]此对龙对凤纹漆耳盒，以朱红、黄、金粉色表现整体纹样，精细地刻画凤头、凤爪、凤尾、凤眼，凤的羽毛栩栩如生，暗含插羽催饮之意，犹如"双凤朝阳"。

漆器中的短尾凤，也称鸡形凤。鸡在中国先民心目中是一种灵禽。晋代王嘉撰《拾遗记》："……沉明石鸡，色如丹，大如燕，常

---

[12] 杨慧婷：《马王堆汉墓漆器所见狸猫纹初探》，《湖南省博物馆刊》，2016年第12辑。

[13] [清]黄汉：《猫苑》，上海进步书局，民国年间，线装书。

[14] 周振甫：《诗经译注》，中华书局，2010，第412页。

图17 对龙对凤纹漆耳杯（湖北荆州马山1号墓出土）

（长径15.7厘米，宽径10厘米，深3.3厘米）

在地中，应时而鸣，声能远彻。"[15]除了报时，鸡鸣也象征着春天的到来。在古人的观念中，鸡是具有文、武、勇、任、信"五德"的家禽，如汉代韩婴撰《韩诗外传集释》中形容鸡"头戴冠者，文也；足搏距者，武也；敌在前敢斗者，勇也；见食相呼者，仁也。守夜不失者，信也。"[16]此外，在吉祥纹样中，鸡谐音"吉"，具有祈福纳吉的意义。鸡形凤漆器实物如湖北江陵李家台4号墓出土虎座立凤悬鼓（图18）和湖北随州擂鼓墩1号墓出土的彩漆木雕龙凤纹盖豆（图19）。前者上部为立凤，下部为坐虎。凤纹庄重典雅，凤冠整齐，面部、眼睛结构层次分明，羽毛长短丰富，凤喙精致，外形为昂首展翅的雄鸡，站立在虎背上，老虎也蓄势待发，作腾跃状，刻画栩栩如生。

战国漆器凤纹类型可以分为具象凤和抽象凤。具象的凤是指以模拟、观察为蓝本，把观察后的禽鸟形象进行设计处理和转化的凤鸟形象。这类凤鸟纹样的形象通常包括头、眼、喙、冠、翅、尾、足等基本要素。

---

[15] [晋]王嘉：《拾遗记校注》，中华书局，1981，第166页。

[16] [汉]韩婴：《韩诗外传集释》，中华书局，1980，第60页。

图18 虎座立凤悬鼓（荆州博物馆藏）

图19 彩漆木雕龙凤纹盖豆（湖北随州擂鼓墩1号墓出土）

在战国早期，漆器中的具象凤鸟纹依然遵循着青铜器纹样的特征。

第一高冠式，实物如湖北随州曾侯乙墓内棺墙板中的凤鸟纹（图20），凤冠为双层带状冠，装饰得非常华丽，冠上有等距的圆点装饰。凤眼圆突，凤喙呈回弯状，凤翅以卷曲状描绘，足强壮有爪，长尾羽翘起，如芭蕉叶般呈扇状散开。凤尾线条粗细有别，在凤尾空隙处也如凤冠等距圆点装饰，整体节奏感十足。

第二平展式，凤整体造型呈俯视角度，眼睛对称，翅膀展开，身上为扇形鳞片装饰且弯曲脖颈，凤身如龟身布满鳞片。其双翅伸展，中间以等距的几何线条羽毛描绘装饰，尾似鱼尾，由四个三角形交叠组合而成。如曾侯乙墓内棺西侧绘有四只鸟（图21）。郭璞注引《广雅》云："凤，鸡头、燕颌、蛇颈、龟背、鱼尾，雌曰凰，雄曰凤。"此描述与内棺上的彩绘鸡头、蛇颈、龟身之鸾凤形象近似。《楚辞》中多以瑰丽语言，形容鸾凤作升天者遨游天国之导引，如《远游》："凤凰翼其承旂兮，遇蓐收乎西皇。"《离骚》："吾令凤

图20 凤鸟纹（湖北随州曾侯乙墓内棺墙板）   图21 凤鸟纹（湖北随州曾侯乙墓
内棺墙板）

鸟飞腾兮，继之以日夜。"依此，内棺西侧排列四鸟，可释为导引墓
主人灵魂升天之中介物，其状振翅欲飞，即将扶摇直上。[17]

    可以看出，曾侯乙墓中的凤纹不受物象类别的限制。其在单体
纹样中融合多种物种的特征，蕴藏多种含义。同时，凤纹从静止状
态逐渐向动态转变，或昂首阔步，或展翅高飞，充满力量和动感。
与具象凤对应的抽象凤则表现为几何化及高度抽象。其具有部分
凤鸟的特征或者是由凤鸟纹样演变而来，以抽象和夸张的手法表
现。其头部有冠，凤身呈现S形、弧形或线条状。其实物如湖北随
州曾侯乙墓出土的瑟的侧面局部凤纹（图22）。凤纹保留凤头的特
征，凤喙回弯，凤翅也简化与凤足相对，整体抽象，呈弧形。又如
湖北随州曾侯乙墓出土的五弦琴的侧面局部凤纹（图23），凤纹的
绘制方法与五弦琴相似。又如湖北荆门包山2号墓出土的彩绘凤纹
竹筒（图24），凤纹抽象化，但是保留了凤头及凤尾的具象特征，
识别度高，凤身简化，将头部与凤尾作为重点刻画的部分，线条洗

---

[17] 湖北美术博物馆：《曾侯乙墓文物艺术》，湖北美术出版社，1996，第181页。

图22 五弦瑟侧面局部凤纹（湖北随州曾侯乙墓出土）

图23 五弦琴侧面局部凤纹（湖北随州曾侯乙墓出土）

图24 彩绘凤纹竹筒局部（湖北荆门包山2号墓出土，湖北省博物馆藏）

练。又如湖北江陵马山1号墓出土的彩绘凤纹盘（图25），现藏荆州博物馆。凤纹半几何化，仅将凤的特征作为纹样骨骼的组合符号，再根据适合纹样的设计方法来布局，将凤内在的生命力表达出来。"现藏于湖北省博物馆的湖北荆门包山2号墓出土的彩绘凤纹带流杯（图26），"其凤纹的表现则是完全几何化后的抽象思维的代表，抽象后的凤纹的姿态神似，向几何云凤纹的方向发展。这种正如黑格尔所指出的，属于美学上的"遗痕迹"。[18]可以看到，凤纹从具象的以生活中鸟雀为蓝本的纹样逐渐发展为抽象化、几何化的纹样，结合云纹形成云凤纹等。

---

[18] 黑格尔：《美学（第二卷）》，商务印书馆,1979，第189页。

图25 彩绘凤纹盘局部（湖北江陵马山1号墓　　　　图26 彩绘凤纹带流杯局部（湖北荆门包山2
　　　出土，荆州博物馆藏）　　　　　　　　　　　　号墓出土，湖北省博物馆藏）

（二）鸳鸯纹

除了凤鸟纹，鸳鸯纹也很多见。鸳鸯，鸟名，体小于鸭。雄(鸳)羽色绚丽；雌(鸯)略小，背苍褐色。雌雄偶居不离，故以之比喻夫妇。以鸳鸯比作夫妻，最早出自崔豹《古今注》，即"鸳鸯，文禽，亦匹鸟也，似凫，毛有文采，雌雄未尝相离，人得其一，则一者相思而死。"[19]"鸳鸯"与"阴阳"谐音，取此鸟"雌雄未尝相离"的习性。古人常将鸳鸯的纹样绣在物品上送给钟意的人以此表达爱意。

诗词文献中也有赞颂鸳鸯的诗句，《诗经》中说："鸳鸯于飞，毕之罗之。君子万年，福禄宜之。鸳鸯在梁，戢其左翼。君子万年，宜其遐福。"鸳鸯实物如湖北江陵九店乡雨台山出土的彩漆木雕鸳鸯豆（图27）。1975年，湖北江陵雨台山427号墓出土的鸳鸯豆，通高25.5厘米，由盘、柄、座三部分组成。盖和盘共同组成了一只盘颈而卧的鸳鸯，洗练的造型配合彩色漆绘，对于鸳鸯基本形态做了细致的刻画，如翅膀、羽毛、尾部、脚等局部，以抽象、变形等手

---

[19] [晋]崔豹：《〈古今注〉校笺》，线装书局，2015，第108页。

图27 鸳鸯豆(荆州博物馆藏)

图28 彩绘乐舞图鸳鸯形漆盒(湖北随州曾侯乙墓出土)

法来概括。有趣的是,尾部又出现一对金色的、形象具体明确的凤鸟。这形中之形、象中之象乃是楚漆艺术之抽象构成意识的生动体现。[20]

又如,曾侯乙墓出土的鸳鸯盒(图28),长20.1厘米,宽12.5厘米,高16.5厘米,盒内全部镂空,鸳鸯背部开一个长方形孔口,配有夔龙形方盖,为实用器物。整体设计以自然中的鸳鸯为蓝本,而不拘泥于物象本身的艺术特征。鸳鸯头部采用块面分割的方法,脸部区域上绘制眼睛细节,下部则用红色漆平涂,对比强烈,颇具匠心。颈下布满均匀的鳞片状羽毛装饰,并且有圆形榫头嵌入,鸳鸯任意旋转,这是漆器器物中比较常见的手法。翅膀伸展,尾部放松,足收紧。其表面髹黑漆,施以红色漆描绘鳞纹、锯齿纹、菱格纹等,笔法巧妙。同时,其两侧有敲鼓奏乐和舞蹈纹样(图29、图30),人物动态优美,凤鼓清晰,用笔洒脱细腻,气象万千,以小见大地描绘了漆器的艺术特征。

[20] 张正明,皮道坚:《楚美术图集》,湖北美术出版社,1996,第174页。

图29 鸳鸯盒左侧撞钟图　　　　　　图30 鸳鸯盒右侧击鼓舞蹈图

三、几何纹

　　战国漆器上的几何纹样是以点、面、线的形式组成的规则或不规则的花纹图案，主要有圆卷纹、涡纹、菱形纹、方块纹、方格纹、方格点纹、点纹、三角形纹和弧形纹等。[21]几何纹作为器物上的装饰纹样时，常以几何图形组合连续纹样的形式描绘，如曾侯乙墓出土的彩漆木雕龙凤纹盖豆（图31），包括盖、身两个部分，盘、耳、柄、座是由一块整木雕成，以黑漆为地，以朱色、金色彩绘；盖为椭圆形隆起，外缘阴刻云纹，绘网纹、勾连纹及盘龙纹；方耳内、外、顶及两旁五面浮雕龙纹；豆柄上粗下细，座大底平。菱角纹、云纹、网格纹、变异凤纹分布于外侧、柄和座。该纹样虽是模仿于青铜器，但已摆脱了商周青铜器森严凝重的风格，巧妙地将青铜器纹样变形重组，形成了一种更为复杂生动、流畅舒展的艺术风格。

[21] 陈振裕：《楚秦汉漆器艺术·湖北》，湖北美术出版社，1996，第265页。

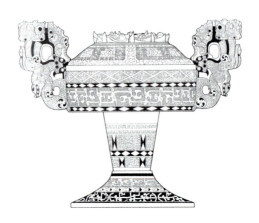

图31 彩漆木雕龙凤纹盖豆(湖北随州曾侯乙墓出土)

汉代漆器中的几何纹仅有少数作为主要纹样,更多是作为辅助纹样用于漆器上,主要有菱形、平行直线、三角形、圆点、圆圈、点纹等。其线条流畅,盘旋回转,在表现上多为平涂、勾勒及用毛笔直接在漆胎上描绘,多由点、线、面所组成,有些较为规则,有些有多种变化。同一墓中的同一几何纹样显然也有区别。[22]

四、云纹

在汉代漆器中,云纹的使用最为广泛。通过简化和抽象自然界的云纹,可以创造出更具有秩序和艺术价值的云纹意象。自由的处理和看似随性的游走,体现出一种汉代的精神气韵。这种"云纹"是"气"的流动和停驻,进而可以表现对生命的思考。从云纹的表现方法上看,其可分为线状云气纹、带状云气纹和组合云气纹。

[22] 陈振裕:《中国古代漆器造型纹样》,湖北美术出版社,1999,第10页。

（一）线状云气纹

线状云气纹突出"单根线条"的自由度和力量感，以线为云纹塑形，体现了"以线立骨"的骨骼结构，多根弧形，以单线或连续、或衔接、或交叉的方式运气，在交点与结点的两侧装饰更加细小的波浪线，形成云纹两端丰富、中间细长的线状云气纹，轻盈生动。但是线条本身充满意趣和想象空间，将有限的空间以卷曲和交叠的方式延伸出去，具有飞动的气势。其实物如湖南长沙马王堆1号墓出土的彩绘云气纹漆案（图32），线性的纹样骨骼以飘逸为走向，舒展流畅。

（二）带状云气纹

带状云气纹的表现形式是一组平行线描述一组云纹。以往的云气纹多作为辅助型纹样，而汉代云气纹既可作为器物主体纹样，又可与底纹、仙人、珍鸟瑞兽、四神等纹样穿插在一起，表现出生机勃勃的画卷式形态，打破整个画面的静止感而呈现出流动效果。双线的勾勒使层次感更加丰富，突出动静结合的韵律。其实物如湖南长沙马王堆1号墓出土的盖板彩绘对龙对虎图中的云气纹（图33）。可以看到，带状云气纹的体量感更强，运动变化的轨迹更多样，视觉冲击力更大，特别是云头位置都装饰有涡旋纹、波浪纹等辅助纹样。

图32 彩绘云气纹漆案（湖南长沙马王堆1号墓出土）

图33 盖板彩绘对龙对虎图中的云气纹
（湖南长沙马王堆1号墓出土）

线条间隙匀称，由于采用"沥粉"的方式，线条层次感更鲜明，在线条尖端的处理上别具一格，也呈现出绘画般的消逝感，线条由远及近，悠远散去，给人一种恰是精神力与想象力的延伸感。

（三）组合云气纹

汉代云气纹作为基础结构，后期与龙凤等元素组合，形成两种云纹形式：云龙纹和鸟云纹。

云龙纹，是将龙纹的速度感、力量感与云纹融合，S形长线条辅以点状、长弧线、尖翘、涡旋等小笔触，产生轻快、灵动的均衡感和延伸感。云头动感回荡，从线性到S形，形成流畅飘逸、行云流水的生命韵律和气势，即李泽厚《美的历程》所载"中国古代线的艺术正如抒情文学一样，是中国文艺最发达和最富民族特征的，它们同是中国民族文化——心理结构的表现。"[23]例如，湖北江陵高台汉墓出土的彩绘云龙鸟纹漆盘（图34），龙纹和三只凤鸟以浅红、深蓝、金黄色绘制。龙作卷曲状，两两收尾相接，形象抽象夸张，抽取龙神游的动态，昂首追逐，进行排列组合，将自然界云纹的形态也呈现出来，律动感十足。又如，湖南长沙马王堆3号汉墓出土的云龙纹漆盘（图35），云龙纹以朱色、灰绿色绘制，鳞须和角爪采用涡旋纹辅助，增加力量感。

鸟云纹，融合了凤鸟纹和云气纹的特征，无论是王公贵族，还是普通庶民都喜闻乐见，从而使该纹样进一步流行和推广，融入生活。汉代把云气看作构成世界万物的本源，由凤鸟与云气构成的鸟云纹是吉祥的化身，是自然无限的延伸，而且器物中使用这样的纹样也会给身心给予运行的生机。这时期的鸟云纹的描绘更加精细，

---

[23] 李泽厚：《美的历程》，北京文物出版社,1981，第54页。

图34 彩绘云龙鸟纹漆盘（湖北江陵高台汉
　　　墓出土，荆州博物馆藏）

图35 云龙纹漆盘（湖南长沙马王堆3号汉墓
　　　出土）

图36 秦代彩绘鸟云纹长方盒（湖北云梦县博物馆藏）

由单线、双线、圆弧线共同构成，线的粗细、直曲、长短都将鸟云纹
的韵律动感增强，视觉呈现出速度感和升腾感，特别是圆盘中的螺
旋状，更增强了画面的生命力。

　　基于手工业的兴起使漆器器物的纹饰程式化、批量化，更符
合大众生活需求，进而促进云鸟纹饰的创造发展及应用推广，也
促使其纹饰的定型化。鸟云纹气韵生动，表现出修身养性的审美
倾向，象征生命的意义。例如，湖北云梦睡虎地36号墓出土的秦
代彩绘鸟云纹长方盒（图36），黑漆地长方形，搭配红色、褐色绘
制鸟云纹，以卷云纹、几何纹、圆圈纹为辅助，共同构成。鸟云纹
重点将鸟的翅膀与云纹的流动组合而成。这时期的鸟云纹每个独

立单元都由鸟的翅膀与云尾组合而成，附加点缀漩涡纹，增加速度感，由于采用的是块面感，因此视觉效果上更倾向力量感而削弱了速度感和流动性。又如，湖北沙市肖家草场26号墓出土的西汉彩绘鸟云纹盂（图37）、湖北云梦睡虎地47号墓出土的西汉彩绘鸟云纹圆盒（图38），后者盖与器身相扣合呈圆球体，器内髹红漆，器物表面髹黑漆。顶盖与器身中部都绘制鸟云纹，搭配波折纹、圆点纹、卷云纹。这时期的鸟云纹力量更加强劲，除了凤首和

图37 西汉彩绘鸟云纹盂（湖北沙市博物馆藏）

图38 西汉彩绘鸟云纹圆盒（湖北省博物馆藏）

翅膀极其抽象与简化，圆点纹与漩涡纹填充在云纹中，增加了块面感的细节和内容。

五、人物纹

漆器中的人物纹主要有四种形式：猎战图、歌宴会、出行图和史实图。其在表达方式上，以连续性画卷的形式展开，描绘在圆环形器物的平面上。例如，朝鲜乐浪彩箧冢出土的漆绘彩箧（图39），画面上人物纹样形象生动逼真，身穿汉代袍服，旁边标注着人物的各自身份。又如，湖南长沙砂子塘1号汉墓出土的彩绘人物车马图漆奁中的人物（图40），神态惟妙惟肖。这是典型的出行图，在环境刻画上，有山丘、垂柳、飞鸟、流云；在人物表达上，将人物如马夫、武士随从，及人物躬身相送的动态都表现得淋漓尽致，犹如定格在历史的长卷中。画面构图动静结合，生动自然，极具故事性。而舞蹈纹漆奁的外壁纹样，也将云纹、几何纹作为辅助纹样，人物或侧视或正视，服饰款式统一，其中舞者婀娜多姿，观者席地而坐，惬意放松。

又如，安徽马鞍山三国吴左大司马右军师朱然墓出土的季札挂剑图漆盘（图41）。其漆盘环形外是双层纹样装饰，描绘了童子戏鱼和白鹭啄鱼等纹样及狩猎图，动物的奔跑状十分紧凑，生机勃勃。中心纹样是史实故事，记录的是春秋时期吴公子季扎挂剑于徐君冢树。[24]

---

[24] 《史记·吴太伯世家》："季札之初使，北过徐君。徐君好季札剑，口弗敢言。季札心知之，为使上国，未献。还至徐，徐君已死，于是乃解其宝剑，系之徐君冢树而去。从者曰：'徐君已死，尚谁予乎？'季子曰：'不然。始吾心已许之，岂以死倍吾心哉！'"

图39 漆绘彩箧（朝鲜乐浪彩箧冢出土）

图40 人物车马图(上) 舞蹈纹漆奁(下)(湖南长沙砂子塘 1号汉墓出土)

图41 季札挂剑图漆盘

　　湖北荆州包山2号墓出土的漆奁绘画(图42),堪称中国先秦第一漆画。其内髹红漆,外髹黑漆,并用红、黄、棕褐、青等色彩绘纹饰,盖外壁绘一组由26个人物、4乘车、10匹马、5株树、1头猪、两条狗和9只雁组成的迎宾图。[25]漆奁车马人物出行图是迄今发现的中国最早的完整风俗画作品,显示了先秦绘画处理形象与空间的艺术手法方面的一些有趣特点。随风摇曳的柳树将全图分隔为五段,绘对话、迎送、出行等情节,最短的一段中绘奔突的犬豕各一。各段相对独立又首尾连贯,柳树中标明林荫驰道环境并通连全图,使画面过渡自然,有生活实感。"贵族人物的轩昂骄矜、侍者的恭谨、奔跑者和御者的紧张,均通过洗练的姿势和动态刻划出来。反映了魏晋时期顾恺之、谢赫等人所总结的'以形写神''气韵生动',在战国时期一些写实性质的楚绘画中已是画师们自觉追求的艺术境界。"[26]

　　可以看出,汉代的人物纹样,具有形象生动、质朴灵动、简洁洗

[25] 陈振裕:《楚秦汉漆器艺术·湖北》,湖北美术出版社,1996,第274页。
[26] 张正明、皮道坚:《楚美术图集》,湖北美术出版社,1996,第248页。

练等特征。其描绘世俗生活的题材丰富细腻，笔法流畅娴熟，记录了当时人们的时尚风尚。

六、 植物纹

　　植物纹样在漆器中的使用可以追溯到战国的楚漆器，但是早期使用较少。植物纹样多以烘托整体氛围或者是以植物纹样的局部出现，如花蕾、花瓣、花叶，也有以花草植物作为装饰纹样的细节，如柳树、扶桑树、树纹和四瓣花等。[27]如湖北荆门包山2号墓出土的战国彩绘漆奁车马出行图（图42），其中有5棵柳树，刻画非常写实，甚至以柳树枝叶的舞动来打破整体画面的静止感，从而添了动感。又如，湖北随州曾侯乙墓出土的战国彩绘后羿射日衣箱（图43），箱顶有扶桑树纹。《玄中记》："蓬莱之东，岱舆之山，上有扶桑之树，树高万丈。树巅常有天鸡，为巢于上。每夜至子时，则天鸡鸣，而日中阳乌应之。阳乌鸣，则天下之鸡皆鸣。"[28]扶桑树纹描绘得写实又充满想象，树顶及树枝尖端都有太阳纹，树干曲度流畅优美，树的主干挺拔向上，富有力量感。汉代漆器植物纹以蔓草纹、卷草纹、树纹、四叶纹、柿蒂纹为主，通常作为辅助纹样。实物如湖北江陵凤凰山168号墓出土的西汉彩绘鱼纹耳杯（图44），通体髹黑漆，以黄漆彩绘描绘四叶纹，再以间隔的方式设色，红色叶中的黑点邻近黑色叶中的红点，中间的四叶纹中心为黄色圆心。四叶纹样艳丽鲜活，与主体三条鱼纹共同构成合适纹样。四叶纹为中心，鱼儿围绕其摇头摆尾，妙趣横生。又如，湖北云梦睡虎地47号墓出土的西汉彩绘草叶纹耳杯（图45），草叶纹作为主体纹样，耳杯

---

[27] 陈振裕：《楚秦汉漆器艺术·湖北》，湖北美术出版社，1996，第260页。
[28] ［唐］皮日休，陆蒙：《松陵集校注》，中华书局，2018，第415页。

028

内髹红漆，以黑色线条勾勒出草叶纹，草叶纹舒展自由，纹样之间的个体单元独立但又相互联系，整体纹样舒朗流畅，给人一种洒脱放松的视觉体验。

图42 彩绘漆奁车马出行图（湖北省博物馆藏）

图43 彩绘后羿射日衣箱中的扶　图44 彩绘三鱼纹耳杯中的四叶纹（荆州博物馆藏）
　　　桑树纹（湖北省博物馆藏）

图45 彩绘草叶纹耳杯（湖北省博物馆藏）

七、神怪纹

神怪纹一般有两种类型：第一种描绘在棺椁上，以驱逐鬼怪、保护逝者灵魂；第二种绘制在兵器上，以祈求神力相助、大获全胜。例如，湖北襄阳擂鼓台1号墓出土的1号圆奁，盖和圆奁内部都绘制了神怪纹（图46、图47）。其或两两相对而立，或众人聚集，以树纹间隔，圆奁内部的神怪人物的衣着装饰与盖内相同，但是动态各异。其中，树纹、卷草纹、动物纹都细腻传神，自然和谐。

湖北江陵凤凰山8号墓曾出土西汉彩绘神人纹龟盾（图48）。龟盾正面上部绘有神怪纹：人首，人身，鸟足，身穿豹斑纹的衣裤，作奔走状，头部前后还各有一蛇形物。其下绘一神兽：鸟首，兽身，三个鸟形足(前足在上，后两足着地)，头上有一角，尾巴回卷，亦作奔走状，前足绘有云雷纹。有的学者参照有关文献考证，神人即禹疆；神兽是鲧的神像，即神话传说中鲧于羽山之渊所化的黄龙；背面盾把两侧各绘一人，拱手相向而立，身穿宽袖上衣和长裤，腰束带，足穿翘头鞋，头戴冠，腰间佩长剑。此画据人物的服饰看，似为武官。有人推测是基主生前的写照，也有人认为描写的是宾主相见的场

图46 圆奁盖内纹样

图47 圆奁内底纹样

030

面。[29]又如，湖北随州曾侯乙墓出土的内棺侧面绘制的翼人、兽面武士、长髯武士（图49），表达了人们对神力的期盼。

图48 西汉彩绘神人纹龟盾正面与背面（荆州博物馆藏）

图49 内棺侧面绘制的翼人、兽面武士、长髯武士（湖北随州曾侯乙墓出土）

---

[29] 陈振裕：《楚秦汉漆器艺术·湖北》，湖北美术出版社，1996，第317页。

◎ 凤纹漆盘纹饰

湖南长沙砂子塘1号汉墓出土

直径32厘米 内径漆黑底，用黄褐、红等
绘制图案，中心为柿蒂纹组合纹样 而后
漆黑底用酱紫、褐、黑褐等绘制几何纹与
凤鸟纹，最外延为黄褐色与红色绘制几何
纹样。

◎ 针刻云龙纹漆卮

西汉晚期 1996 年扬州市邗江西湖胡场 14 号
西汉墓出土，扬州博物馆藏

主体纹饰为针刻变形龙纹，上下边沿分针刻
带状管纹、弦纹、管纹作，云气纹。

◎ 云纹漆奁纹饰

广西贵县罗泊湾1号汉墓出土
云纹、几何纹、涡旋纹。

◎ 云鸟纹银扣漆盘纹饰

安徽阜阳双古堆西汉汝阴侯墓出土

口径 31.8 厘米，盘高 1.4 厘米，口径 31.8 厘米。中心
绘三个山形与卷云纹，刻斜方格等几何纹间隔内外圈，
外圈蔓草纹，九只飞鸟走兽穿插其中。

◎ "食官"铭银钮彩绘云兽纹漆卮纹饰

西汉晚期 1996年扬州市邗江西湖胡场15号西汉墓出土，
扬州博物馆藏

通高13厘米、盖径11.8厘米、口径11.4厘米，内有朱
漆绘云气纹和瑞兽纹。内环朱漆绘云气纹。盖内里有"食
官第四"针刻铭文，外底有"食官第三"针刻铭文。

◎ 兽纹漆盘纹饰

湖南长沙东塘西汉墓出土

口径 20 厘米，内为柿蒂纹，外圈兽纹、
变形飞鸟纹、漩涡纹。

◎ 针刻云兽纹漆奁下层内底纹饰

变形云鸟纹、头部及尾部用红漆描绘流云纹。

◎ 彩绘漆云龙纹耳杯纹饰

湖南长沙咸家湖西汉曹（女巽）墓出土

耳面及耳侧绘波折纹、点纹和旋涡状云纹。器表髹深赭色漆，内髹红漆。杯内用纵横两条细线分割成四等份，中心以墨彩绘由4朵云龙纹组成的花瓣状图案，四等份内各墨绘一条呈相反S形的卷曲状云龙纹。

◎ 双层九子漆奁纹饰

西汉时期 1972 年湖南省长沙市马王堆 1 号汉墓出土，湖南博物院藏

高 19.2 厘米，直径 33.2 厘米 中心以金、白、红三色油彩绘云气纹。

◎ 云鸟纹漆盘纹饰

云鸟纹，鸟的头部几何化，尾部云纹流畅舒展，其间点缀涡旋纹。

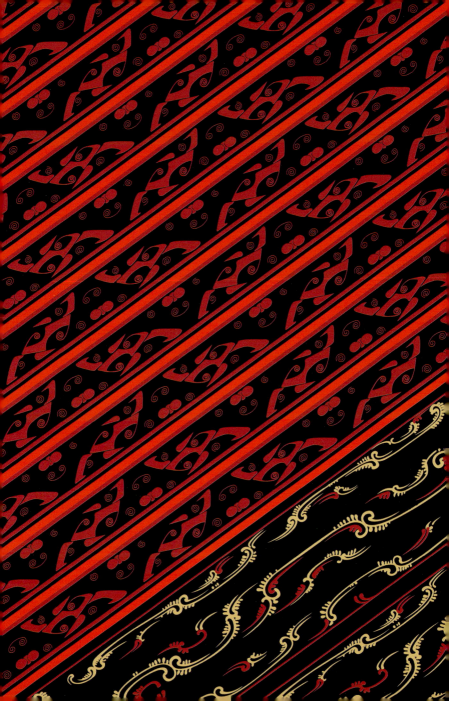

◎ 云兽纹铜扣漆尊盖部纹饰

湖南长沙杨家山"长沙王后冢"汉墓出土

盖径 23.2 厘米，中间为柿蒂纹，外围兽纹、凤鸟纹，
外层云气纹几何纹及涡旋纹。

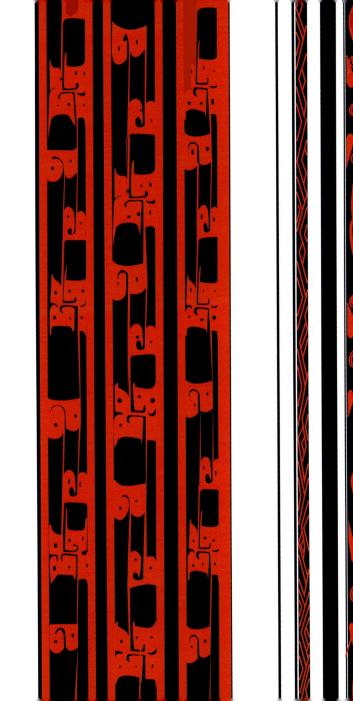

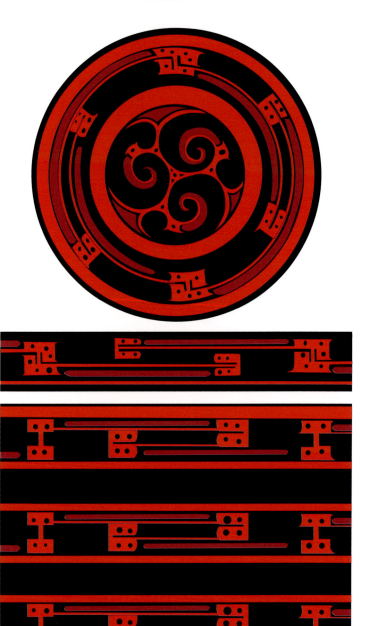

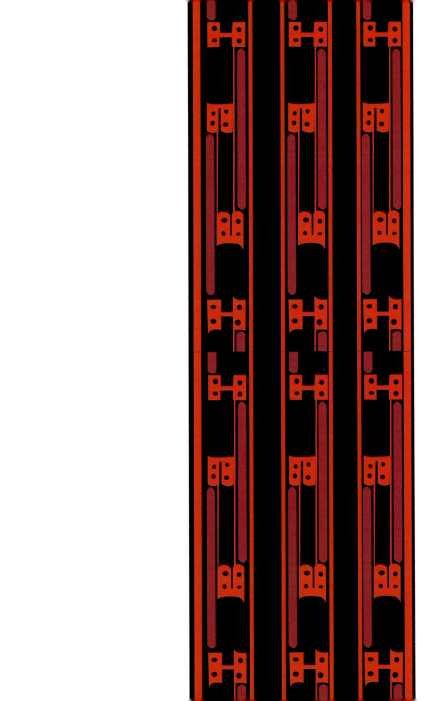

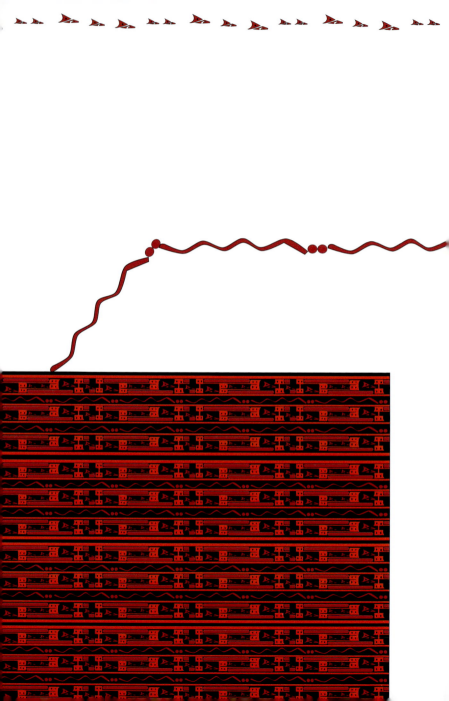

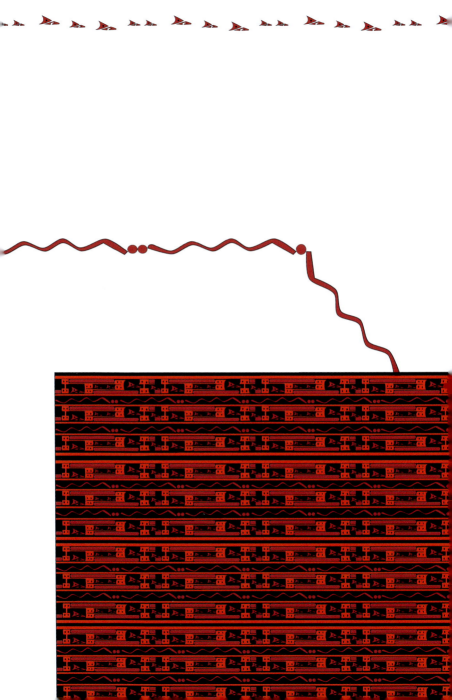

◎ 针刻云兽纹六子漆奁内小盒纹饰

凤鸟纹、云气纹、几何纹、点纹。

◎ 兽纹漆盘纹饰

底径 12.3 厘米，湖南长沙
伍家岭 203 号汉墓出土

兽纹抽象、鸟纹、云气纹、
点纹、几何纹。

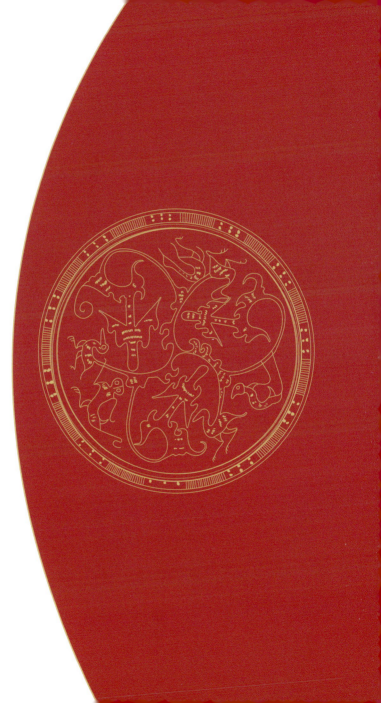

◎ 彩绘云龙纹漆圆盒

1975 年湖北云梦睡虎地 11 号墓出土

器上有烙印文字"告""亭上""素""包"，
针刻文字"安里皇"等。高 18.5 厘米、盖径 21.2
厘米，红、褐漆彩绘制花纹，盖顶绘鸟云纹、卷云纹，
中间装饰几何纹、波折纹及点纹。

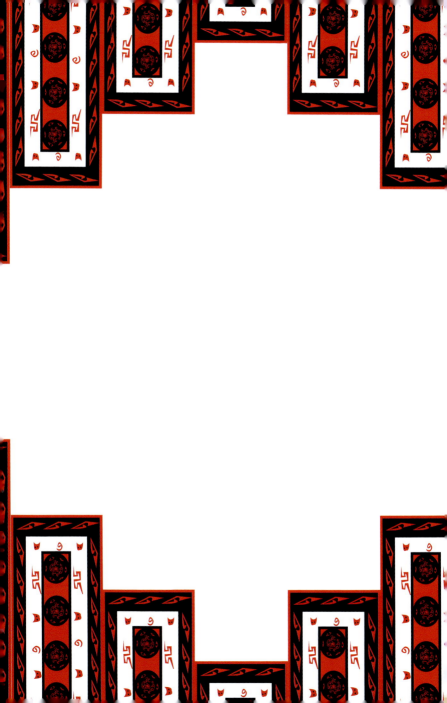

湖南长沙马王堆3号汉墓出土

通高16.9厘米，内径绘朱，绿二色S形卷云纹。斜面有白色凸起线条三圈纹饰勾弦纹相间，从里至外数，第一圈彩绘水波纹、竖线纹、菱形纹与点纹；第二圈朱绘弦纹；第三圈两方连续菱形及白色联珠纹组成菱形，连接处绘圆点纹。

◎ 云纹五子漆奁内小盒纹饰

云气纹、圆点纹。

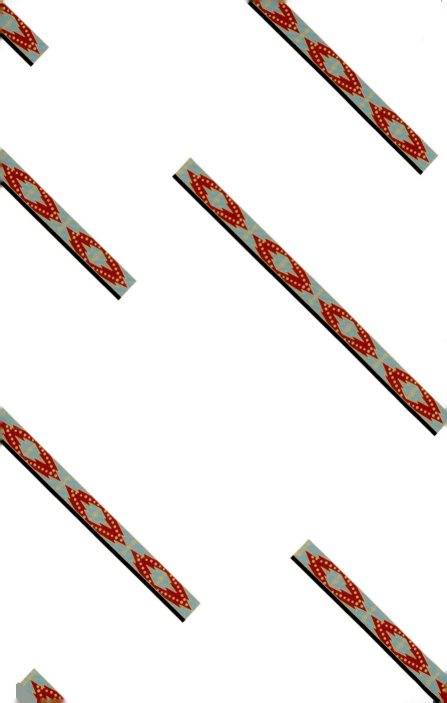

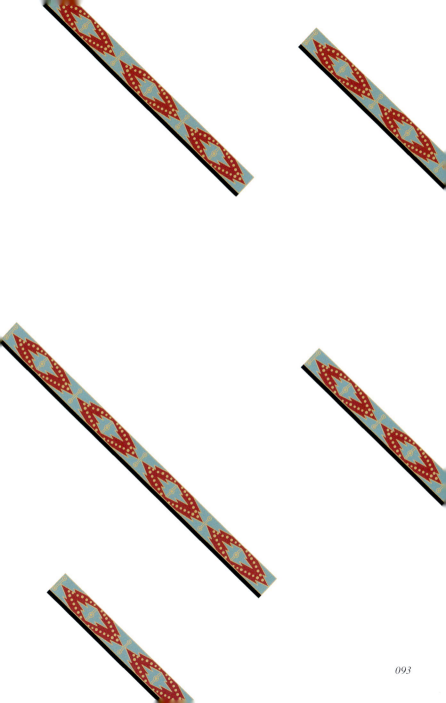

◎ "轪侯家"云龙纹大漆盘纹饰

湖南长沙马王堆3号汉墓出土

口径53.6厘米，变形龙纹、云龙纹、漩涡纹、弦纹、波折纹、变形鸟首纹、点纹组成。盘底绘一条变形龙纹，三龙角延伸处各连接一只变形鸟纹。内圈龙纹周围用朱、灰绿二色漆绘三组云龙纹，朱漆勾勒，灰绿色漆平涂，云龙纹以密集的涡纹组成龙的须角和鳞爪，以S形线条组成翻卷的龙身，云龙纹间穿插朱漆所绘变形小鸟纹。云龙纹周围用朱漆绘几何形鸟纹。外圈朱、灰绿二色漆绘云龙纹，云龙纹画法与内圈基本相同，以涡纹组成龙的须角和鳞爪，以S形线条组成蜿蜒状龙身，六条龙首尾相接。云龙纹间穿插朱漆所绘变形小鸟纹。鸟头、卷云线与点纹、谷牙纹，赭色漆绘相交线，平涂卷云纹。变形鸟纹间隙饰小涡纹及点纹。外底朱漆书"轪侯家"。

098

◎ 云纹漆具杯盒纹饰

湖南长沙马王堆 1 号汉墓出土

长径 19 厘米，水波纹与菱形间饰点纹组成的几何纹样，云气间有两个龙头的怪兽组成。

◎ 凤纹漆耳杯纹饰

湖北荆州江陵凤凰山 168 号汉墓出土

长 21.7 厘米，凤纹、云纹、外沿装饰几何纹及变形凤鸟纹。

○ 云纹漆盘纹饰 "君幸食" 小漆盘

湖南长沙马王堆 1 号汉墓出土，西汉。湖南省博物馆藏

高 3 厘米、口径 18.2 厘米盛食器。盘内朱绘卷云纹，卷云纹中间以朱漆书 "君幸食" 三字，口沿朱绘波折纹和点纹，口沿内朱绘线纹和 B 形图案。盘外髹黑漆，近底部朱书 "一升半升" 四字。

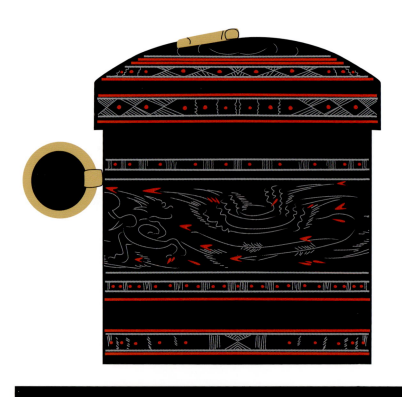

◎ 锥画神兽云纹鬃布小卮

湖南长沙马王堆 1 号汉墓出土

通高 11 厘米，腹上下边沿锥画的几何纹
带中用红漆点绘整体的圆点，器腹云气
及腹部两神兽的嘴、舌、爪等处，也均
用红漆点绘。朱绘云气纹，盖边缘及器
身近底处针刻几何纹、点纹。

◎ 西汉彩绘云凤纹漆盂纹饰

湖北云梦大坟头1号汉墓出土

口径30厘米，木胎，弧形壁，器表外壁与口沿内有红、褐色彩绘几何凤鸟纹饰，内底彩绘变形凤鸟纹、云气纹。

〇 圆奁纹饰

盖面俯视。

◎ 云兽纹漆盘纹饰

湖南长沙杨家山"长沙王后家"汉墓出土

盘中刻有"杨主家"外圈装饰几何纹、云兽纹。

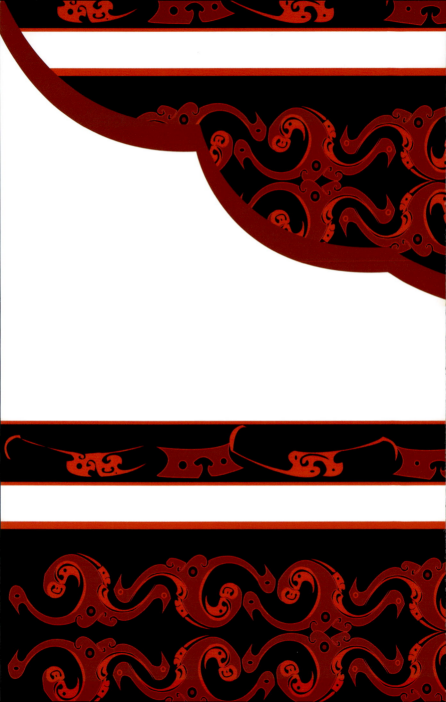

◎ 熊纹铜扣漆盘纹饰

朝鲜乐浪郡王旴墓出土

口径 28.4 厘米，中间为三组熊纹、搭配
圆点纹，外围圆点纹、几何纹。

◎ 圆奁（右底内俯视）纹饰 鸟云纹 圆点纹 几何纹

◎ 云纹银扣锥刻漆奁纹饰

安徽阜阳双古堆西汉汝阴侯墓出土

口径 31 厘米。盖中心用四分法绘制四只展翅翱
翔的小鸟；第二圈与第三圈绘流云纹；外圈为 S
几何纹。侧盖云气纹。后为 2 厘米向下的波折，
近底为一圈 4 厘米宽的鸟首象鼻纹。

◎ 针刻云纹漆卮纹饰

湖南长沙马王堆 1 号汉墓出土

弦纹、云气纹、点纹。

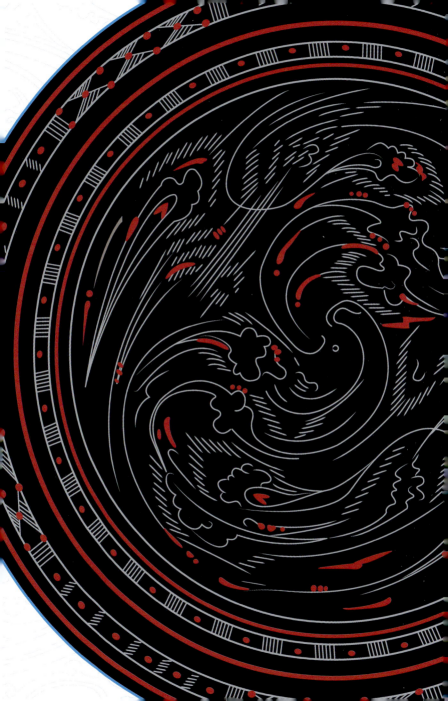

◎ 云纹漆笥纹饰

安徽阜阳双古堆西汉汝阴侯墓出土

长 54.4 厘米，宽 27.5 厘米。变形云纹，间以朱漆点，
黄色平涂在线内，边框为菱形花纹。

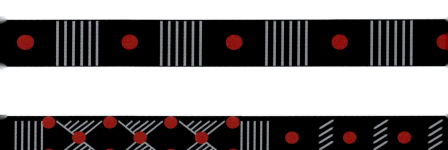

◎ 云龙纹漆奁纹饰

湖南长沙马王堆 1 号汉墓出土

直径 31 厘米，变形龙纹、云龙纹、漩涡纹，变形鸟首纹、点纹。

◎ 云纹漆盒纹饰

广东广州三元里马鹏岗 1134 号汉墓出土

直径 15.8 厘米，云气纹、漩涡纹。

◎ 云鸟纹漆盒纹饰

广东广州先烈路黄花岗 1048 号汉墓出土

直径 10 厘米，几何纹、三角纹。

◎ 云纹漆盘纹饰

广东广州先烈路黄花岗 1048 号汉墓出土

直径 10 厘米，几何纹、三角纹。

◎　圆奁

上盖面俯视，中盖外壁局部展开，下底外壁局部展开。

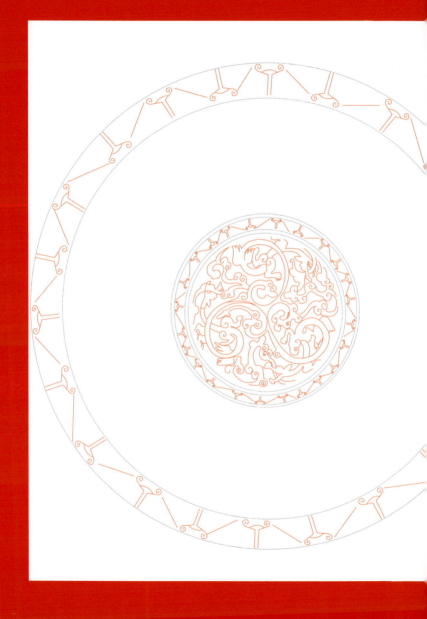

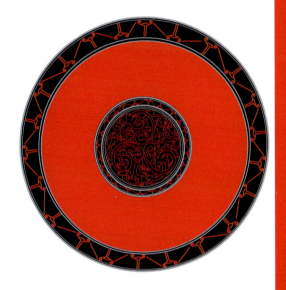

◎ 彩绘蟠龙纹漆盆纹饰

🌙 云纹漆盘纹饰

广东广州先烈路黄花岗 1048 号汉墓出土

口径 17.3 厘米，云纹相互搭叠组成柿蒂纹，中间红漆几何纹。

◎ 云纹彩绘陶盘纹饰

河北满城 1 号汉墓出土

口径 30 厘米，云纹、圆点纹、几何纹。

◎ 云纹九子漆奁盖部纹饰

广东广州先烈路黄花岗汉墓出土

口径35.2厘米，云龙纹、波折纹、弦纹、云纹漆盘纹饰
四组云纹首尾相接，中间为闪电纹及凤鸟纹。

◎ 云纹漆盘纹饰

广东广州先烈路黄花岗汉墓出土

云纹、几何纹

◎ 云纹漆盘纹饰（局部）

朝鲜乐浪郡王盱墓出土

口径 30 厘米，黑漆朱绘线条，作漩涡纹、弧线、圆点纹，
同时用绿色描绘弧线内圈形成红色、绿色双线对比与搭配。

◎ 漆卮纹饰

湖南荆州凤凰山 168 号墓出土，荆州市博物馆藏

器表黑漆、器内红漆，盖中部和器身中部朱绘漩涡纹和云纹，盖边缘和器身口、底缘绘菱纹及几何纹。

◎ 云纹漆盘纹饰

口径 12 厘米，广西贵县罗泊湾 1 号汉墓出土

152

◎ "鲍笋一筒"铭彩绘云气纹漆筒纹饰

江苏扬州邗江西湖胡场 20 号西汉墓出土，扬州博物馆藏

高 11.9 厘米、长 30.4 厘米、宽 14.2 厘米，朱漆地，黑漆绘，以金线弦纹隔出纹饰带波折纹、三角纹作边饰，金漆勾边云气纹作主体纹饰。盖侧面漆书隶体"鲍笋一筒"铭。

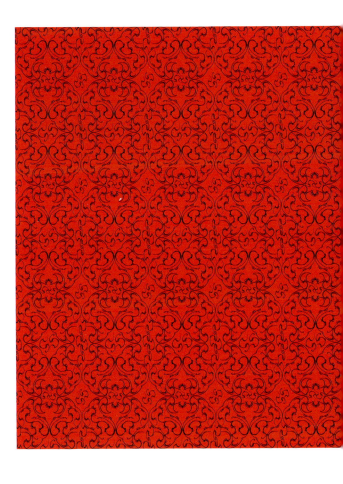

⊃ 兽纹漆盘纹饰

湖南长沙杨家山"长沙王后冢"汉墓出土

口径 22 厘米。

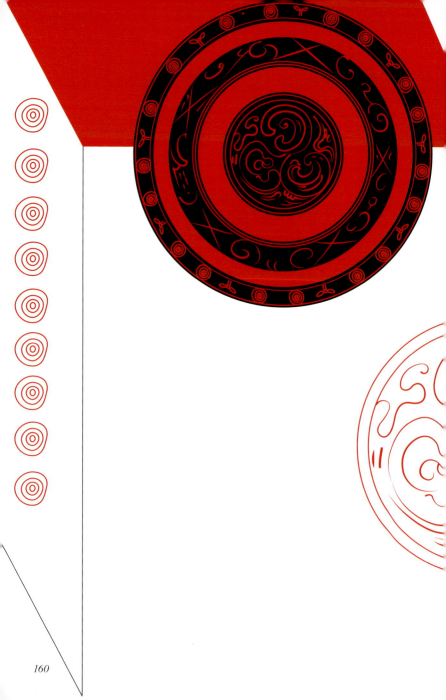

◎ 云纹漆盘纹饰

江苏盱眙东阳 3 号汉墓出土

口径 23.6 厘米，三分云气纹、几何纹、涡旋纹。

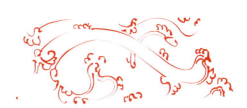

◎ 云纹漆卮纹饰

湖南长沙沙湖桥汉墓出土

口径 12 厘米，云气纹、几何纹。

◎ 云纹漆案纹饰

江苏盱眙东阳 7 号汉墓出土

长 44.8 厘米，黑漆绘菱形几何纹并用褐漆勾填。呈回形分布，从外向内分为三区。外区朱漆地，黑漆绘连续云气纹并以褐漆勾填。菱形几何纹作边饰，连续云气纹。

◎ 云兽纹漆盘纹饰

湖南长沙杨家山"长沙王后冢"汉墓出土

口径 21.5 厘米，连续云兽纹、圆点纹。

☾ 云兽纹漆奁纹饰

湖南长沙杨家山"长沙王后冢"汉墓出土

盖径 18.3 厘米，云兽纹、几何纹。

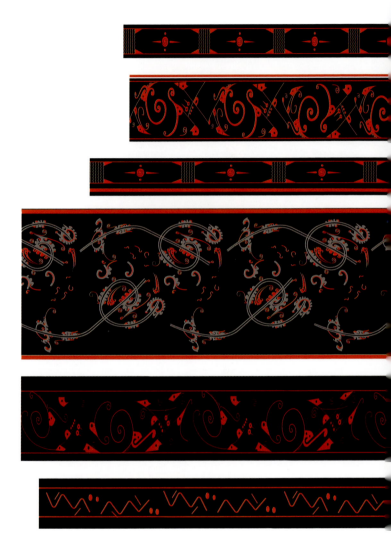

◎ 云鸟纹漆枕纹饰

江苏扬州东风砖瓦厂 9 号墓出土

长 22.4 厘米，云鸟纹、云气纹、几何纹。

◎ 云龙纹铜扣漆奁盖部纹饰

盖径 22.7 厘米，云龙纹、兽纹、云气纹、圆点纹。

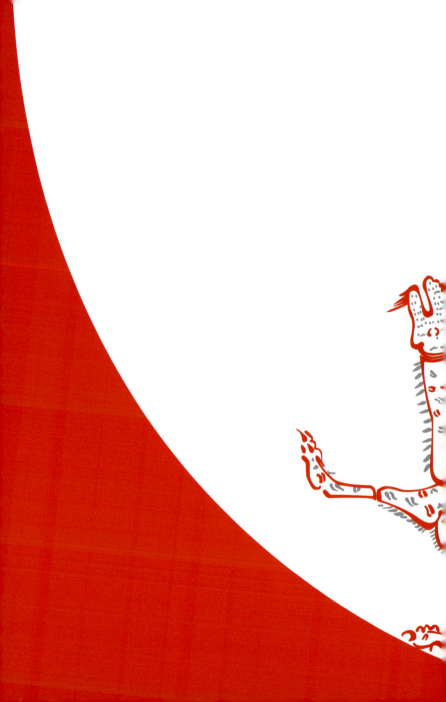

◎ 云豹纹漆扁壶腹部纹饰(局部)

器表黑漆、器内红漆，盛酒水器，腹部两面和盖顶彩绘七只呈猎食、回首、狂奔、怒吼等姿态的豹纹，间绘鸟纹云纹、植物纹。

江苏扬州邗江西湖胡场 20 号西汉墓出土 扬州博物馆藏

西汉中晚期 高 7 厘米，口径 19 厘米×12 厘米、底径 11.2 厘米×6.7 厘米。外髹深褐色漆，边以朱漆绘几何纹，外腹部饰四对凤纹间以涡纹。底黑漆隶书"笃须"铭。

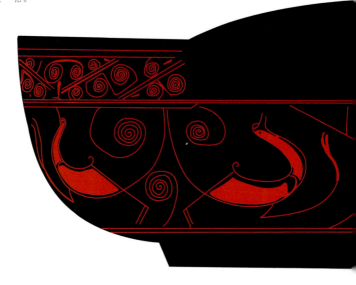

◎ 云鹿纹黑地朱绘棺侧板纹饰（局部）

山西浑源毕村汉墓出土

长 210 厘米，几何纹、云纹、几何鹿纹。

◎ 云凤纹银扣漆盒纹饰
湖南长沙砂子塘1号汉墓出土
口径18厘米，底髹黑漆，中部为变形凤鸟纹，外绕几何纹，外层为变形凤鸟纹。

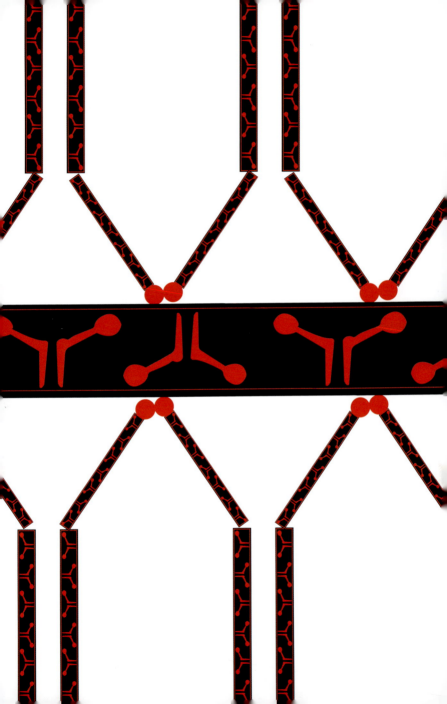

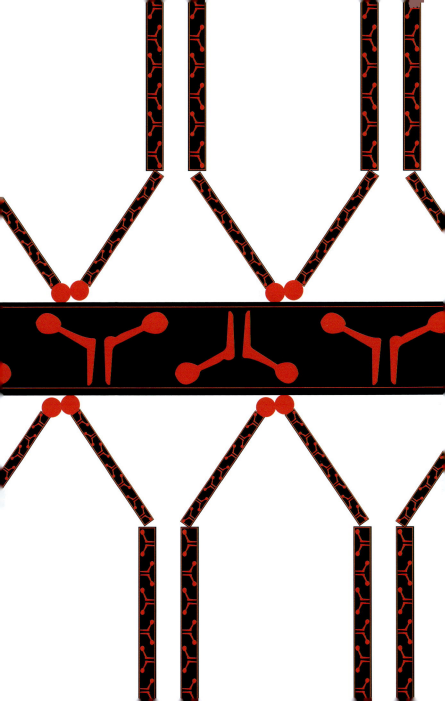

◎ 云凤纹银扣漆盒纹饰

湖南长沙砂子塘 1 号汉墓出土

口径 18 厘米，中间为柿蒂纹、中间绘变形云凤纹，外延朱绘云凤纹。

◎ 熊纹盘纹饰

江苏盐城三羊孝墩 1 号汉墓出土

口径 27 厘米，内漆黑色，中部以云纹分隔的
三组熊纹、几何纹、圆点纹、云纹。

◎ 彩绘鸟云纹圆奁

湖北云梦睡虎地墓地出土

内漆黑色，中部以四组鸟云纹，外层为抽象云纹、圆点纹。

197

◎ 云纹银扣漆盒纹饰

湖南长沙砂子塘 1 号 汉墓出土

口径 17 厘米，云气纹、涡旋纹。

◎ 云凤纹银扣漆盒纹饰

湖南长沙砂子塘 1 号汉墓出土

黑漆，口径 18 厘米，朱绘三云纹云头相连构成三角形之间为圆点纹、几何纹，外圈为
形云气凤鸟纹。

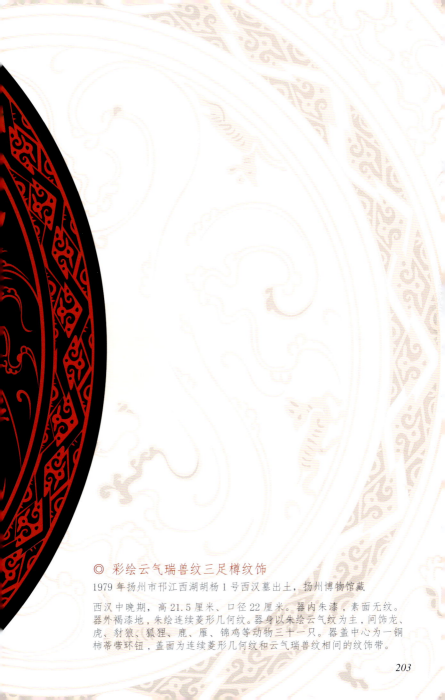

◎ 彩绘云气瑞兽纹三足樽纹饰

1979 年扬州市邗江西湖胡杨 1 号西汉墓出土，扬州博物馆藏

西汉中晚期，高 21.5 厘米、口径 22 厘米。器内朱漆，素面无纹。器外褐漆地，朱绘连续菱形几何纹。器身以朱绘云气纹为主，间饰龙、虎、豺狼、狐狸、鹿、雁、锦鸡等动物三十一只。器盖中心为一铜柿蒂带环钮，盖面为连续菱形几何纹和云气瑞兽纹相间的纹饰带。

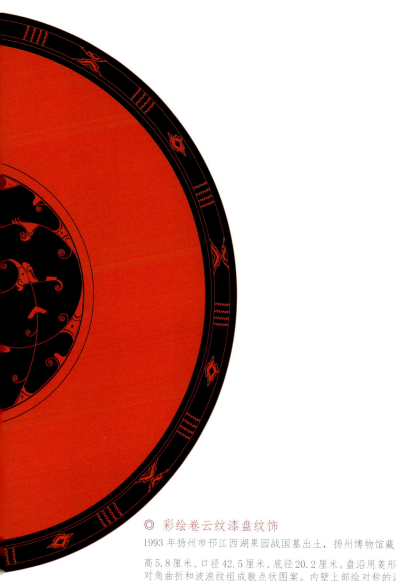

◎ 彩绘卷云纹漆盘纹饰

1993年扬州市邗江西湖果园战国墓出土，扬州博物馆藏

高5.8厘米、口径42.5厘米、底径20.2厘米。盘沿用菱形、对角曲折和波浪纹组成散点状图案。内壁上部绘对称的波折纹，以S形云气纹相间，衬以涡纹和点纹。内底绘三分卷云纹和变形鸟首纹。外壁绘连续的长线变形鸟首纹。

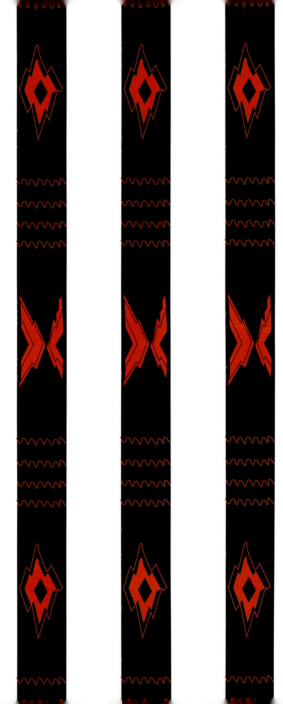

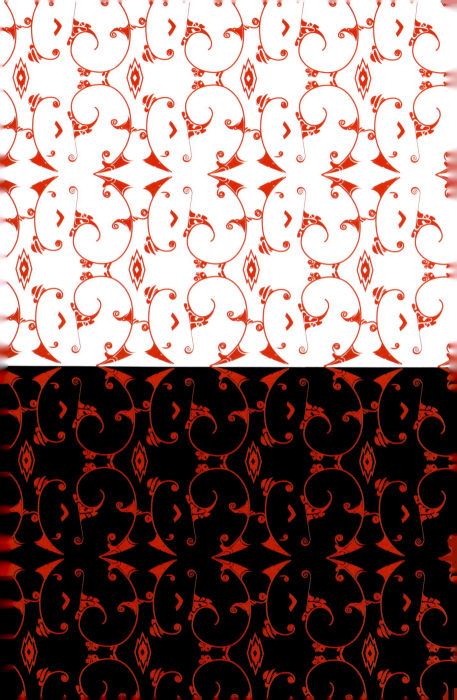

◎ 龙凤纹漆耳杯纹饰

湖南长沙伍家岭 203 号汉墓出土

长 16.3 厘米，中间四分为花草纹，外腹锥画云气纹及变形龙凤纹及几何纹。

◎ 波浪纹漆盘纹饰

四川成都东北郊 9 号汉墓出土

口径 18 厘米，波浪纹、几何纹、圆点纹。

◎ 锥画狩猎纹漆奁盖部纹饰

湖南长沙马王堆3号汉墓出土

盖径31.3厘米。盖面中心锥画一条龙纹，周围锥画羽尾状卷云纹，三组羽尾状卷云纹皆连缀两组S形卷云纹；卷云纹外围间隙锥画两条鱼、五只独角怪猫和一只鼠。猫形状不同，或侧身侧卧，或匍匐于地，或长尾垂地，或长尾上翘，或身躯小、前腿长后腿短，耳长而尾短形状。

◎ 针刻云纹漆卮内底纹饰

内漆黑底盘中心为鸟纹，周围饰云气纹、凤鸟纹。

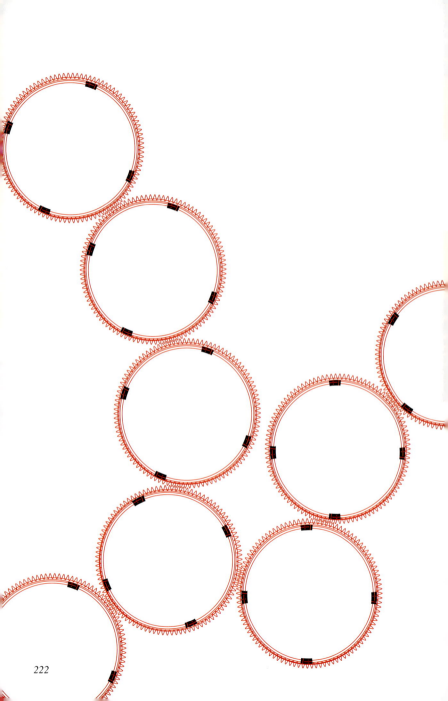

◎ 匍匐凤纹小食盘纹样

湖南长沙马王堆 2 号汉墓出土

西汉早期，朱漆绘一只变形凤鸟。圆喙短冠，三根翎羽向后飘卷，尾翅垂地，鸟身满饰点纹，凤爪收于腹下，鸟身呈球状。凤鸟四周用朱、灰绿二色漆绘四组连接一体的卷云纹和勾连云纹，每组卷云纹饰四个以上涡纹和小勾连云纹。卷云纹外围用朱漆绘粗细两道弦纹，间饰四组上下相向的几何鸟头形纹，加饰一个单头鸟形纹与涡纹。口沿内、外侧余存四道弦纹和五个变形凤鸟纹。外圈两道弦纹、水波纹与点纹。

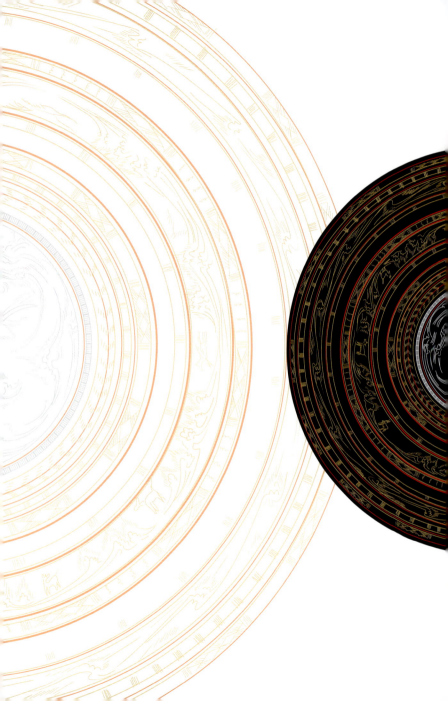

◎ 锥画双层六子漆奁

湖南长沙马王堆 3 号汉墓出土

盖径 28.5 厘米，盖内黑漆锥画三组云气纹，间饰朱漆所绘点、线纹。云气纹外一圈锥画
相间排列的竖条纹、水波纹，间饰朱漆所绘点纹。菱形纹、水波纹、竖条纹，间饰朱漆所
绘点纹。器身外壁从上至下锥画云气纹、几何纹等五圈纹饰。

◎ 鹿纹漆奁纹饰（局部）

河北怀安出土

226

◎ 彩绘云气变形鱼鸟纹漆盘纹饰

江苏扬州邗江西湖山头 1 号西汉墓出土，扬州博物馆藏

高 2.8 厘米、口径 20.8 厘米、底径 11.6 厘米，朱漆绘纹饰，内腹壁髹朱漆地。沿面为水波纹，内壁绘四个对称的变形鸟纹，内底褐漆地朱纹，外圈三组变形鱼纹，内圈绘云气纹。

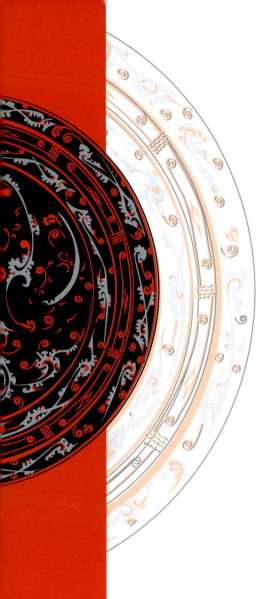

◎ 云纹五子漆奁盖部纹饰

湖南长沙马王堆 1 号汉墓出土

口径 32.5 厘米，鸟云纹、云纹、波浪云纹菱形相间纹。

◎ 龙纹漆盒纹饰

长 18 厘米，抽象龙纹、几何纹。

235

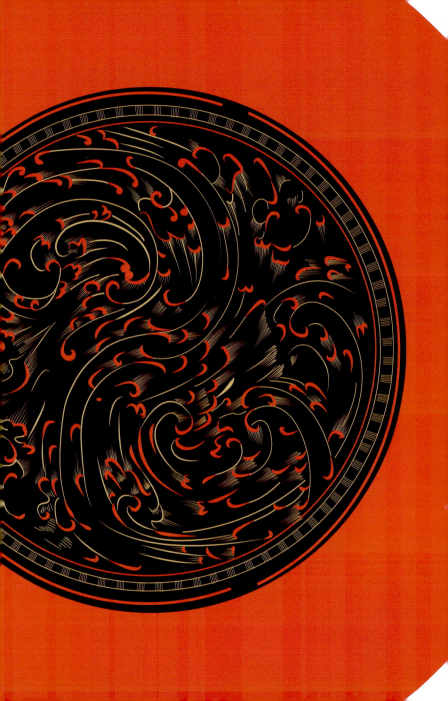

◎ 针刻云纹漆奁纹饰

1973年山东临沂银雀山4号汉墓出土

直径31厘米，内漆黑底，红色针刻云气纹
加彩笔黄褐色勾点。

◎ 云纹漆奁纹饰

广西贵县罗泊湾1号汉墓出土

口径 28.4 厘米、高 6 厘米。腹外壁朱绘四个几何形图案，口唇上方朱绘波折纹和点纹，其间有四道弦纹，底部黑漆朱绘一圈几何纹图案夹点线纹，中心用暗灰色和朱色绘勾云纹。

◎ 云纹

安徽阜阳双古堆西汉汝阴侯墓出土

高 6 厘米，椭圆形外圈绘形菱纹一圈，内绘变形云纹。内壁、外壁和流口的上部绘鸟首象鼻纹饰，外锥刻"一斗九升"四字。

◎ 彩绘云气三角纹漆壶纹饰

1997年扬州市邗江西湖胡场20号西汉墓出土，
扬州博物馆藏

高12.4厘米、口径4.4厘米、底径5.8厘米，
朱绘纹饰。颈下饰十一条三角纹，以金黄漆勾边，
上腹部在三角间隔中朱绘云气纹，下腹及圈足绘
条带纹。盖顶朱绘柿蒂纹，边饰云气纹。

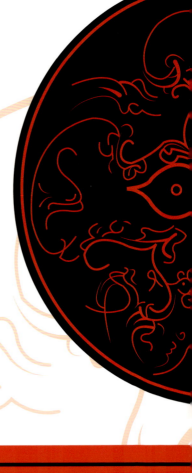

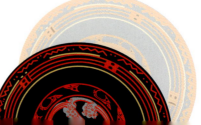

◎ 云凤纹样漆盘纹饰

湖南长沙砂子塘 1 号汉墓出土

口径 22.5 厘米，云气纹、卷云纹、
勾连纹、波折纹。

◎ 云纹漆唾器纹饰

安徽阜阳双古堆西汉如阴侯墓出土

　　腹径 18.2 厘米，盖外边 S 形菱形纹，三细圈内绘四朵勾云纹，中心有四小圈围一大圆圈。腹的下部鸟首象鼻纹。

◎ 彩绘云气几何纹漆奁盖部纹饰

江苏扬州邗江西湖胡场 2 号西汉墓出土

盖黑地朱绘几何纹、云纹，中心为柿蒂纹。

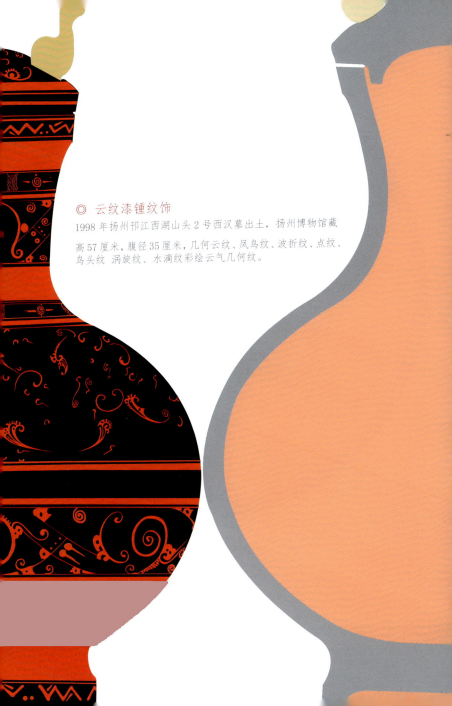

◎ 云纹漆锺纹饰

1998年扬州邗江西湖山头2号西汉墓出土，扬州博物馆藏

高57厘米，腹径35厘米，几何云纹、凤鸟纹、波折纹、点纹、鸟头纹 涡旋纹、水滴纹彩绘云气几何纹。

◎ 漆绘单层五子奁母奁纹饰

湖南长沙马王堆 1 号汉墓出土

口径 34 厘米，红色、灰绿色漆绘云纹、变形龙纹、凤鸟纹。

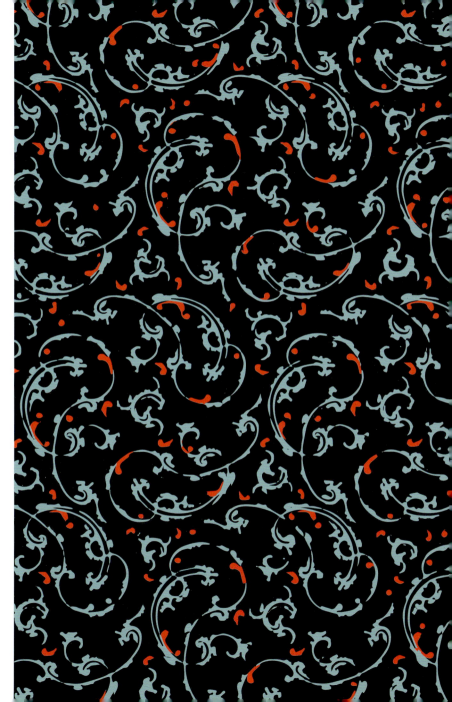

附 录：汉代漆器纹样一览表

◎ 凤纹漆盘纹饰　　　　　　　　　　　　　　032

◎ 针刻云龙纹漆卮　　　　　　　　　　　　　034

◎ 云纹漆奁纹饰　　　　　　　　　　　　　　036

◎ 云鸟纹银扣漆盘纹饰　　　　　　　　　　　039

◎ "食官"铭银钿彩绘云兽纹漆卮纹饰　　　　040

◎ 兽纹漆盘纹饰　　　　　　　　　　　　　　045

◎ 针刻云兽纹漆奁下层内底纹饰　　　　　　　047

◎ 彩绘漆云龙纹耳杯纹饰　　　　　　　　　　053

◎ 双层九子漆奁纹饰　　　　　　　　　　　　055

◎ 云鸟纹漆盘纹饰　　　　　　　　　　　　　057

◎ 云兽纹铜扣漆尊盖部纹饰　　　　　　　　　063

◎ 针刻云兽纹六子漆奁内小盒纹饰　　　　　　072

◎ 兽纹漆盘纹饰　　　　　　　　　　　　　　074

◎ 彩绘云龙纹漆圆盒　　　　　　　　　　　　079

◎ 云纹漆奁纹饰　　　　　　　　　　　　　　088

◎ 云纹五子漆奁内小盒纹饰　　　　　　　　　090

◎ "轪侯家"云龙纹大漆盘纹饰　　　　　　　097

◎ 云纹漆具杯盒纹饰　　　　　　　　　　　　099

◎ 凤纹漆耳杯纹饰 104

◎ 云纹漆盘纹饰"君幸食"小漆盘 105

◎ 锥画神兽云纹髹布小卮 107

◎ 西汉彩绘云凤纹漆盂纹饰 108

◎ 圆奁纹饰 109

◎ 云兽纹漆盘纹饰 111

◎ 熊纹铜扣漆盘纹饰 117

◎ 圆奁（右底内俯视）纹饰 鸟云纹 圆点纹 几何纹 118

◎ 云纹银扣锥刻漆奁纹饰 122

◎ 针刻云纹漆卮纹饰 122

◎ 云纹漆笥纹饰 124

◎ 云龙纹漆奁纹饰 127

◎ 云纹漆盒纹饰 128

◎ 云纹漆盘纹饰 129

◎ 云鸟纹漆盒纹饰 129

◎ 圆奁 130

◎ 彩绘蟠龙纹漆盆纹饰 133

◎ 云纹漆盘纹饰 137

◎ 云纹彩绘陶盘纹饰 139

◎ 云纹九子漆奁盖部纹饰 141

◎ 云纹漆盘纹饰 145

◎ 云纹漆盘纹饰（局部） 147

◎ 漆卮纹饰 149

◎ 云纹漆盘纹饰 151

◎ "鲍笋一筒"铭彩绘云气纹漆笥纹饰 156

◎ 兽纹漆盘纹饰 159

◎ 云纹漆盘纹饰 161

◎ 云纹漆卮纹饰 167

◎ 云纹漆案纹饰 169

◎ 云兽纹漆盘纹饰 174

◎ 云兽纹漆奁纹饰 175

◎ 云鸟纹漆枕纹饰　　　　　　　　　　　　176

◎ 云龙纹铜扣漆奁盖部纹饰　　　　　　　　179

◎ 云豹纹漆扁壶腹部纹饰（局部）　　　　　181

◎ 鎏金铜钼彩绘漆耳杯纹饰　　　　　　　　182

◎ 云鹿纹黑地朱绘棺侧板纹饰（局部）　　　187

◎ 云凤纹银扣漆盒纹饰　　　　　　　　　　188

◎ 云凤纹银扣漆盒纹饰　　　　　　　　　　193

◎ 熊纹盘纹饰　　　　　　　　　　　　　　195

◎ 彩绘鸟云纹圆奁　　　　　　　　　　　　197

◎ 云纹银扣漆盒纹饰　　　　　　　　　　　200

◎ 云凤纹银扣漆盒纹饰　　　　　　　　　　201

◎ 彩绘云气瑞兽纹三足樽纹饰　　　　　　　203

◎ 彩绘卷云纹漆盘纹饰　　　　　　　　　　205

◎ 龙凤纹漆耳杯纹饰　　　　　　　　　　　209

◎ 波浪纹漆盘纹饰　　　　　　　　　　　　210

◎ 锥画狩猎纹漆奁盖部纹饰　　　　　　　　216

◎ 针刻云纹漆奁内底纹饰　　　　　　　　　221

◎ 匍匐凤纹小食盘纹样　　　　　　　　　　223

◎ 锥画双层六子漆奁　　　　　　　　　　　225

◎ 鹿纹漆奁纹饰（局部）　　　　　　　　　226

◎ 彩绘云气变形鱼鸟纹漆盘纹饰　　　　　　227

◎ 云纹五子漆奁盖部纹饰　　　　　　　　　231

◎ 龙纹漆盒纹饰　　　　　　　　　　　　　233

◎ 针刻云纹漆奁纹饰　　　　　　　　　　　241

◎ 云纹漆奁纹饰　　　　　　　　　　　　　243

◎ 云纹　　　　　　　　　　　　　　　　　245

◎ 彩绘云气三角纹漆壶纹饰　　　　　　　　246

◎ 云凤纹样漆盘纹饰　　　　　　　　　　　249

◎ 云纹漆唾器纹饰　　　　　　　　　　　　250

◎ 彩绘云气几何纹漆奁盖部纹饰　　　　　　251

◎ 云纹漆锺纹饰　　　　　　　　　　　　　253

◎ 漆绘单层五子奁母奁纹饰　　　　　　　　256

后 记

"墨染其外，而朱画其内。"

黑漆沉静深沉，红漆热情奔放，红与黑的交织，映射出的是中华民族历经千年的文化底蕴与传统美学。

《宣物存形——汉代漆器纹样》聚焦于战国至汉代的漆器纹样，而汉代之后，漆器纹样、装饰工艺、器型等仍持续蓬勃发展，并在中国古代工艺美术史中成为不可或缺的器物门类。受篇幅限制，本书并未涉及汉代之后的漆器纹样，望日后得以补足。

本书的绘图工作主要是由江西服装学院2021产品本科2班：桂顺、刘德伟、贺贤雨、陶慧敏、黄滔、马华章、朱晨、李湘、周祎、艾方雄、陈静雯、林宇希、曾俊凯、李凯、郭芳羽、王洁雯；2021产品本科1班：黄永安、黄拨楚、孙佳瑶、徐乐沛、邵宇洁、林美阳、熊研婷、王可卿、彭艳、徐舒芬、吴海兰、袁志洋、楼金麟、马晓芹、肖莹、汪佳琪、刘怡佳、王旭、张文标等同学热情参与，特此感谢！

最后，感谢东华大学期刊中心马文娟副主任的大力支持，使我们顺利完成本书的编辑与出版；感谢东华大学出版社陈珂社长和周德红总编的支持和认可；感谢我们的家人，是他们的默默陪伴与支持，让我们得以完成本书的创作。

《宣物存形——汉代漆器纹样》一书撰稿仓促，如有错漏之处，敬请各位读者批评指正！

贾玺增

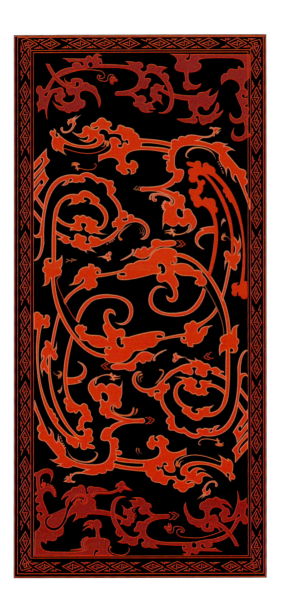